PIETER KLAAS JAGERSMA

250
Managementwijsheden
met een knipoog

Eerste druk 2005 / Herziene druk 2018

© INSPIRATION PRESS / PIETER KLAAS JAGERSMA
ISBN 90-78283-01-7

VOORAF

Vrijwel iedereen heeft iets met tradities. De voorkeur voor bepaalde tradities is niet zelden persoonlijk van aard. Vooral dat laatste maakt tradities boeiend en memorabel.

Ik heb de traditie om eenmaal in de vijf jaar een boekje te schrijven over op het eerste gezicht lichtvoetige managementwijsheden die bij nader inzien soms behoorlijk zwaar op de maag kunnen liggen. Het schrijven van zo'n boekje heeft voor mij persoonlijk bijna therapeutische waarde. Ik kom tijdens het schrijven keer op keer los van de tirannie van het bestaande. Een moeilijk te omschrijven 'aards' fenomeen, maar het voelt 'goddelijk'.

Een 'zender' heeft een 'ontvanger' nodig. Het primaire doel van dit boekje is de lezer - een manager, ondernemer of ambtenaar - tot nadenken te stemmen. Of nog beter: tot reflecteren aan te zetten. Want als we ergens weinig aan toekomen in dit tijdperk waar communicatie plaatsheeft met de snelheid van het licht dan is het wel dat laatste.

Om goed te reflecteren heb je echter enige munitie nodig. Dit boekje verschaft de lezer de nodige munitie om bij tijd en wijle enkele persoonlijke mentale salto mortales te maken. De op deze plaats willekeurig op een rij gezette managementwijsheden zijn het resultaat van persoonlijke observaties en interpretaties. De meeste managementwijsheden ontstonden tijdens de voorbereiding dan wel het interacteren met 'de zaal' naar aanleiding van een van de vele speeches die ik jaarlijks verzorg. Sommige wijsheden zijn het resultaat van inspirerende (besloten) discussies met een raad van bestuur, raad van commissarissen dan wel (hoofd)directie. Weer andere managementwijsheden werden opgedaan door het (niet) handelen van managers, ondernemers en ambtenaren nauwkeurig te observeren en onder de loep te nemen. De laatste categorie wijsheden heeft als baarmoeder de vele lange wandeltochten die ik maak.

Ik heb bij het samenstellen van de wijsheden het accent gelegd op de wereld van de ondernemers, managers en bedrijven - mijn professionele habitat. Het aanbrengen van een voor mij persoonlijk acceptabele en voor de lezer aangename verhouding tussen 'doceren' aan de ene kant en 'doseren' aan de andere kant heeft me zoals altijd weer meer tijd gekost dan aanvankelijk gedacht.

Dit derde boek met '250 managementwijsheden met een knipoog' is wederom met uiterst veel plezier gecomponeerd. Ik hoop dat u net zoveel plezier gaat beleven aan het consumeren ervan. Het voor u liggende 'geschilder met woorden' is opgedragen aan drie inspiratiebronnen: Michel De Bosschere, Carol Dona en Hans Vloemans.

Prof. dr. Pieter Klaas Jagersma
Heusden-Vesting, Zomer 2005

1.

VEEL MANAGERS KENNEN VAN VEEL DE PRIJS, MAAR VAN WEINIG DE WAARDE.

2.

GOOD PRACTICES ZIJN ALTIJD BEST PRACTICES.

3.

COMPROMIS: PRIJS DIE JE BETAALT VOOR EEN GEBREK AAN CREATIVITEIT.

4.

EEN MANAGER LUISTERT NAAR IEMAND; EEN LEIDER HEEFT AANDACHT VOOR IEMAND.

5.

HET VERGROENEN VAN DE ECONOMIE BETEKENT HET ONTGROENEN VAN VEEL ONDERNEMINGEN.

6.

LEIDERSCHAP: IETS WAT JE KRIJGT ALS JE HET GEGEVEN HEBT.

7.

KLANTGERICHTHEID IS ALS MAAGDELIJKHEID; JE KUNT HET MAAR EENMAAL VERLIEZEN.

8.

EEN STRATEGISCH PLAN IS ALS EEN AVONDJURK: WAT HET ONTHULT IS BOEIEND, WAT HET VERHULT IS BOEIENDER.

9.

VOOR TE VEEL ONDERNEMINGEN IS EEN GOEDE SLOGAN NET ZO GOED ALS EEN OPLOSSING.

10.

DE MEESTE MEDEWERKERS GAAN DE ONDERNEMING ALS VERS BROOD IN EN KOMEN ER ALS GEROOSTERD BROOD WEER UIT.

11.

HET MERKWAARDIGE VAN SUCCES IS DAT JE ERAAN DENKT ALS JE HET ONTBEERT MAAR ALS JE HET HEBT DENK JE VRIJWEL ONMIDDELIJK AAN ANDERE ZAKEN.

12.

EEN VERSCHIL VAN MENING IS HET BEGIN VAN EEN RELATIE.

13.

DE VRAAG IS DOORGAANS NIET WAAROM ONDERNEMINGEN DINGEN DOEN, MAAR WAAROM ZE DIE DINGEN NIET SNELLER DOEN.

14.

GOED ZIJN VOOR SLECHTE MEDEWERKERS IS SLECHT ZIJN VOOR GOEDE MEDEWERKERS.

15.

UITZONDERINGEN BEVESTIGEN DE REGEL MAAR DOEN EEN ONDERNEMING NIET ZELDEN AAN DE RAND VAN DE AFGROND BELANDEN.

16.

HET BESTAANSRECHT VAN ONDERNEMINGEN IS INGEBED IN ANGST EN HEBZUCHT. IN EEN WINSTGEVEND JAAR DOMINEERT HEBZUCHT; IN EEN VERLIESGEVEND JAAR ANGST.

17.

SUCCES KOMT VAN WIJSHEID; WIJSHEID KOMT VAN FALEN.

18.

REORGANISATIE: WOORD DAT WE BEDACHT HEBBEN VOOR EEN GANG VAN ZAKEN DIE WE EIGENLIJK NIET BEGRIJPEN.

19.

EEN MARKT(SEGMENT) IS EEN WEERGAVE VAN HOE MENSEN DENKEN OVER DE TOEKOMST.

20.

DE MEESTE ONDERNEMERS BEGINNEN ALS KLERK EN EINDIGEN ALS DOMINEE.

21.

ACQUIREER GROTE KLANTEN, MAAR VERGEET NIMMER DE KLEINTJES TE BEWERKEN.

22.

HET IS GEMAKKELIJKER RESPECT TE KRIJGEN VOOR 'S MANS BESLISSING DAN 'S MANS BESLISSINGSBEVOEGDHEID.

23.

NIET EEN GEBREK AAN ERVARING MAAR DE ILLUSIE VAN ERVARING STAAT ONDERNEMINGSGROEI IN DE WEG.

24.

GRENZEN VERLEGGEN BEGINT MET VERLANGEN NAAR WAT JE NIET HEBT.

25.

VAARDIGHEID: SCHARNIER VAN EEN CONCURRENTIEVOORDEEL.

26.

DE VERBEELDINGSKRACHT VAN EEN MANAGER STAAT NIET ZELDEN HAAKS OP ZIJN REALITEITSBESEF EN VICE VERSA.

27.

EXPERIMENTEER IN PLAATS VAN ANALYSEER.

28.

ADVISEURS MOBILISEREN IS NIET ADVIES MOBILISEREN.

29.

CONCURREREN IS LASTIG; SAMENWERKEN IS LASTIGER.

30.

OMGEVINGSVERANDERINGEN EN EEN DVD-SPELER HEBBEN EEN DING GEMEENSCHAPPELIJK: DE 'FAST FORWARD'-KNOP.

31.

CONSULTANT: ZOOGDIER MET EEN OPVALLEND GEKRUID EN BLOEMRIJK IDIOOM.

32.

MANAGER: LOOK-ALIKE VAN EEN MIER.

33.

VERGADERING AAN HET EINDE VAN DE WERKDAG: 'AFTERNOON DIP'.

34.

VLAGGESCHEPEN VERWORDEN TIJDENS CRISES OPVALLEND SNEL TOT ZWALKENDE SCHEPEN.

35.

BALANS EN RESULTATENREKENING: 'HUT SPOT'-STATISTIEKEN.

36.

MANAGERS MOETEN BLIJVEN GROEIEN WILLEN ZE MANAGER KUNNEN BLIJVEN.

37.

VISIE: BAKERMAT VAN EEN CONCURRENTIEVOORDEEL.

38.

HOOFDKANTOOR - EERSTE KAMER C.Q. SENAAT; BUSINESS UNITS - TWEEDE KAMER C.Q. VOLKSVERTEGENWOORDIGING.

39.

EEN AANDEELHOUDER MOET ZICH GEEN EIGENAAR VOELEN MAAR EEN PARTNER.

40.

EEN ONDERNEMING HOORT OP TWEE IN PLAATS VAN DRIE OF VIER BENEN TE STAAN.

41.

LEIDERSCHAP: OPTELSOM VAN DROOM- EN SPOOKBEELDEN.

42.

CFO: GETALLENKRAKER.

43.

VERANDERINGEN IN HET MANAGEMENT HEBBEN ALTIJD POSITIEVE OORZAKEN EN NEGATIEVE GEVOLGEN DAN WEL NEGATIEVE OORZAKEN EN POSITIEVE GEVOLGEN.

44.

DE BESTE LEVERANCIERS KUNNEN HUN PRIJZEN NIET VERHOGEN.

45.

OVERNAME: BEDRIJFSKUNDIG EQUIVALENT VAN DE SPAANSE GRIEP.

46.

MANAGEMENTBESLISSING: WESPENNEST VAN VERONDERSTELLINGEN, ONZEKERHEDEN, GEVOELENS, INDRUKKEN EN WANKELE FEITEN.

47.

MEN HOORT NIET VOOR RAPPORTEN TE BETALEN MAAR VOOR RESULTATEN.

48.

ONDERNEMERSCHAP: KUNSTJES, KUNDE OF KUNST?

49.

BIJ ONBUIGZAAMHEID LEIDT VERANDERING ALTIJD TOT REVOLUTIE.

50.

MANAGEMENTGOEROE: GUL GEBRUIKER VAN BIJVOEGLIJKE NAAMWOORDEN.

51.

DE KANS TE PROMOVEREN IN DE MANAGEMENTHIëRARCHIE NEEMT TOE MET DE ONLEESBAARHEID VAN HET BUSINESS PLAN.

52.

RODE CIJFERS: DOOR DE BAARMOEDER GENAAMD DIRECTIE GEGENEREERDE NAWEEëN VAN ONDOORDACHTE BESLISSINGEN.

53.

DOCHTERONDERNEMING: MARIONET VAN EEN HOOFDKANTOOR.

54.

LEIDEN: STUREN ZONDER INGRIJPEN.

55.

CONCURREREN = COMMUNICEREN.

56.
REPUTATIE: ECHTE LOGO VAN EEN ORGANISATIE.

57.
FEITEN IN PLAATS VAN OPINIES MAKEN HET VERSCHIL.

58.
IRRITATIE LEIDT PER DEFINITIE TOT INNOVATIE.

59.
MANAGER: THEATER-DIER WANT HOOFDROLSPELER IN ZIJN EIGEN TONEELSTUK.

60.
STRATEGISCHE EN STRUCTURELE HERSCHIKKINGEN VEREISEN CULTURELE HERORIëNTATIES.

61.

SOMMIGE MANAGERS MAKEN INDRUK ZONDER DINGEN TE DOEN DIE INDRUK MAKEN.

62.

IN HET HEETST VAN DE CONCURRENTIESTRIJD MOET MEN VOORAL HET HOOFD KOEL HOUDEN.

63.

LEIDINGGEVEN GAAT PER DEFINITIE OVER HET STELLEN VAN VRAGEN EN NIET NOODZAKELIJKERWIJS OVER HET GEVEN VAN ANTWOORDEN.

64.

DE BESTE BESLISSING IS DE BESLISSING DIE NOG GENOMEN MOET WORDEN.

65.

DE KORTSTE LIJN TUSSEN EEN HOOFDKANTOOR EN EEN DOCHTERMAATSCHAPPIJ IS DOORGAANS ERG KROM.

66.

IEDERE AANPASSING VERGT EEN VERLOOCHENING VAN LEIDERSCHAP.

67.

EEN ACHTERDOCHTIGE MANAGER IS ZELF DOORGAANS NIET TE VERTROUWEN.

68.

EEN STRATEGIE MOET GEEN UITROEPTEKENS ZAAIEN MAAR JUIST VRAAGTEKENS OPROEPEN.

69.

VOORAL EEN STAP ACHTERUIT IS GEVAARLIJK VOOR EEN LEIDINGGEVENDE.

70.

MANAGEMENTASSISTENT: OP HET EERSTE GEZICHT SPELER VAN EEN BIJROL DIE NIET ZELDEN DE HOOFDROL SPEELT.

71.

VERANDERING EN FALEN HEBBEN SLECHTS EEN DING MET ELKAAR GEMEEN: VEEL STRESS.

72.

ONDERNEMINGEN ZONDER LEIDERS HEBBEN GEEN TIJD OM TE KIJKEN NAAR WAAR ZE HEEN WILLEN GAAN OMDAT ZE HET TE DRUK HEBBEN ER TE KOMEN.

73.

MANAGERS DIE NIETS TE VERTELLEN HEBBEN ZOEKEN HET GEZELSCHAP VAN ANDEREN OP.

74.

DE BEKENDE 'MAKE OR BUY'-VRAAG IS VEELEER EEN MINDER BEKENDE 'MAKE OR BREAK'-VRAAG.

75.

VERMIJD MEDEWERKERS DIE ANDERE MEDEWERKERS VERMIJDEN.

76.

HET MANAGEMENT IS ALTIJD BELANGRIJKER DAN DE MANAGER.

77.

MARKTLEIDERS MUNTEN VOORAL UIT IN HET MANAGEMENT VAN HET ONDERSCHEID TUSSEN 'GOED' EN 'GOED GENOEG'.

78.

KLANTGERICHTHEID IS EEN PROCES, NIET EEN RESULTAAT.

79.

EEN ONDERNEMING MOET VEEL MET KLANTEN OMGAAN OM ZICHZELF BETER TE LEREN KENNEN.

80.

OP 'SUCCESVOL MANAGEMENT' KAN VREEMD GENOEG GEEN PATENT WORDEN AANGEVRAAGD.

81.

TE VEEL MANAGERS DOEN ERVARING OP ZONDER DAARVAN DE BETEKENIS TE DOORGRONDEN.

82.

TOPMANAGERS KRIJGEN DE PUBLICITEIT DIE ZE VERDIENEN.

83.

EEN TOPMANAGER IS EEN ZWAARGEWICHT MET EEN VOORKEUR VOOR WEEGSCHALEN.

84.

HET GROOTSTE PROBLEEM VAN MANAGERS IS DAT ZE HUN EIGEN PROBLEMEN ONVOLDOENDE ONDERKENNEN.

85.

REORGANISATIE: BEWIJSMATERIAAL DAT DE LEIDING HEEFT GEFAALD.

86.

AMBITIES ONTSTEKEN IS 'EEN', AMBITIES UITVOEREN IS 'TWEE', MAAR AMBITIES REALISEREN IS MEER DAN EEN OPTELSOM.

87.

EEN LEIDER GELOOFT NIET, MAAR WEET HET ZEKER.

88.

BEVEL VAN EEN MANAGER: LOSSE FLODDER.

89.

'LANGE HALEN SNEL THUIS'-MANAGERS ZIJN NIET ZELDEN 'KORTE BAAN'-RIJDERS.

90.

PRIJZEN ZIJN BELANGRIJK; KOSTEN ZIJN BELANGRIJKER.

91.

HOGE BOMEN KUNNEN VEEL WIND HEBBEN.

92.

STRATEGISCHE ALLIANTIE: SLEEPTOUW OF SLEEPNET VOOR EEN ONDERNEMING?

93.

DOOR WEINIG MENSEN TE ONTSLAAN KUNNEN VAAK VEEL MENSEN BLIJVEN.

94.

FINANCIËLE PRAATJES VULLEN NOOIT OPERATIONELE GAATJES.

95.

EEN AUTOBIOGRAFIE VAN EEN TOPMANAGER IS VAAK EEN BITTERE PIL.

96.

HET PROBLEEM IS NIET DAT VOOR TOPPRESTATIES TE VEEL WORDT BETAALD; HET PROBLEEM IS DAT VOOR MIDDELMATIGHEID TE VEEL WORDT BETAALD.

97.

JE MOET GEEN GELD VERDIENEN AAN EEN PLEK MAAR OP EEN PLEK.

98.

VEEL BEDRIJVEN BEHANDELEN KLANTEN ALS BLINDEN, TERWIJL ZE TOCH ECHT OGEN HEBBEN WAARMEE ZE KUNNEN ZIEN.

99.

**HET IMAGO VAN EEN MANAGER IS ZIJN
BELANGRIJKSTE AMIGO.**

100.

**OVEREENKOMST TUSSEN EEN REPUTATIE EN EEN
BAROMETER: BEIDE STIJGEN LANGZAAM, MAAR
DALEN VAAK SNEL.**

101.

**VETTE ONDERNEMINGEN ZORGEN VOOR MAGERE
RESULTATEN.**

102.

**EEN SCHERPE UITVAL VAN EEN GROTE EIK SNIJDT
IN DE REGEL GEEN HOUT.**

103.

VISIE IS DE SLEUTEL DIE OP HET SLOT GENAAMD 'TOEKOMST' HOORT TE PASSEN.

104.

LEIDERS DIE OP TE VEEL GEDACHTEN HINKEN MOETEN GAAN 'HINK-STAP-SPRINGEN'.

105.

AANDACHT HEBBEN VOOR KLANTEN BETEKENT AANDACHT KRIJGEN VAN KLANTEN.

106.

EERZUCHT VAN EEN MANAGER: EEN EXPLOSIEVE COCKTAIL VAN VERTROUWEN EN WANTROUWEN.

107.

GEWELDIGE UITDAGINGEN ZIJN VAAK ONOPLOSBARE PROBLEMEN.

108.

HET BEDENKEN VAN OPLOSSINGEN IS ERG ONDERHOUDEND - VOORAL ALS JE HET PROBLEEM LINKS LAAT LIGGEN.

109.

BEDRIJFSTAK: OPTELSOM VAN VEEL IMITERENDE EN WEINIG INNOVERENDE ONDERNEMINGEN.

110.

EERZUCHT: ULTIEME VALSTRIK VAN VERBEELDINGSKRACHT.

111.

OUDE POLDERS LOKKEN VROEG OF LAAT EEN DIJKDOORBRAAK UIT.

112.

EEN VERBALE TOELICHTING VAN EEN MANAGER GAAT NA VERTALING NIET ZELDEN FAILLIET.

113.

KLEINE ONDERNEMENDE EENHEDEN FUNCTIONEREN ALS VIAGRA-PILLEN VOOR GROTE LOGGE MARKTPARTIJEN.

114.

MET VEEL PIJLEN SCHIETEN BETEKENT IN DE PRAKTIJK ZELDEN DE ROOS TREFFEN.

115.

INZICHT IS EEN KAARS DIE DE ERVARING BELICHT.

116.

BESCHEIDEN LEIDERS LIJDEN VOORAL.

117.

SOMS MOET JE MET EEN DISCUSSIE STOPPEN OM MET EEN DISCUSSIE TE KUNNEN BEGINNEN.

118.

DOORGEWINTERDE MANAGERS HEBBEN ERVARING GENOEG MAAR MISSEN NIET ZELDEN DE JUISTE ERVARING.

119.

HET BELANGRIJKSTE ECONOMISCHE GOED IS NIET KENNIS, GROND OF GELD MAAR FRISSE LUCHT.

120.

DE EERSTE STAP OP WEG NAAR VOORUITGANG IS NIET IEDEREEN TEVREDEN TE STELLEN.

121.

VEEL ADVISEURS KUNNEN ADVISEREN, SLECHTS WEINIG KUNNEN EEN GESPREK VOEREN.

122.

EEN ONDERNEMER MOET AAN VELE DINGEN DENKEN, MAAR SLECHTS EEN DING TEGELIJK UITVOEREN.

123.

DUIDELIJKHEID: SIERAAD VAN EEN ADVISEUR.

124.

HOE CREATIEVER DE AANLEIDING, HOE CONSTRUCTIEVER HET GEVOLG.

125.

VISSEN NAAR COMPLIMENTEN BETEKENT ONBESCHEIDENHEID NAAR DE WAL HALEN.

126.

TUSSEN 'OF' EN 'OF' STAAN DIKWIJLS TE VEEL ADVISEURS TE DRINGEN.

127.

VOORUITKIJKEN IS NIET ERGENS OP NEERKIJKEN.

128.

DOELEN MOET JE NIET ALLEEN VASTLEGGEN EN NASTREVEN, MAAR VOORAL ZOEKEN EN VINDEN.

129.

HET ANALYSEREN VAN MARKTEN KOST VEEL GELD; HET NIET ANALYSEREN VAN MARKTEN KOST NOG MEER GELD.

130.

CONCURRENTIE IS EENVOUDIG TE BEGINNEN, MAAR MOEILIJK TE BEËINDIGEN; COÖPERATIE IS MOEILIJK TE BEGINNEN, MAAR GEMAKKELIJK TE BEËINDIGEN.

131.

INNOVEREN IS EEN MENSELIJKE ACTIVITEIT MAAR HET VOELT GODDELIJK.

132.

SUCCESVOL STERKTES BENUTTEN IS HET RESULTAAT VAN GOED JE EIGEN ZWAKTES INZIEN.

133.

VERANDER OF GA TEN ONDER.

134.

SYNERGIE = SAMENwerken

135.

HET MEEST WAARDEVOLLE PRODUKT VAN EEN ONDERNEMING: BEÏNVLOEDING.

136.

HOE HOGER DE MANAGEMENTPOSITIE, DES TE GROTER DE KANS OP EEN DIKKE HAARDOS.

137.

KLANTEN KIEZEN EERST REPUTATIES EN PAS DAARNA PRODUKTEN.

138.

GROTE VERBETERINGEN ZIJN VAAK HET GEVOLG VAN KLEINE AANPASSINGEN.

139.

STEEDS MEER ONDERNEMINGEN KOMEN ER BUITEN HUN ONDERNEMING ACHTER WAT ZE BINNEN HUN ONDERNEMING NIET GOED DOEN.

140.

SUCCES IS NIET ALLES, MAAR EEN GEBREK AAN SUCCES IS NIETS.

141.

DE MEEST SUCCESVOLLE ONDERNEMINGEN ZIJN HET MINST KLANTGERICHT.

142.

TOPMANAGERS ZIJN WELISWAAR DE HOOFDROLSPELERS IN HET SPEL VAN ZET EN TEGENZET (CONCURRENTIE), MAAR DE REGIE VAN HET SPEL IS STEEDS VAKER IN HANDEN VAN DE MEDIA.

143.

CREATIVITEIT: FREE-WHEELEN MET JE IQ.

144.

HET SLAGVELD VAN DE MARKT IS DE BAARMOEDER VAN INVENTIVITEIT EN INNOVATIVITEIT.

145.

HET BUDGET VAN EEN MANAGER GEEFT VOORAL AAN WAT NIET MOGELIJK IS. JUIST DAAROM WORDT EEN BUDGET OOK OVERSCHREDEN. EEN GOEDE MANAGER WIL HET ONMOGELIJKE MOGELIJK MAKEN. BIJ NADER INZIEN ZOU EIGENLIJK HET OVERSCHRIJDEN VAN BUDGETTEN BELOOND MOETEN WORDEN. ER WORDT IMMERS EEN POGING ONDERNOMEN OM DE GRENZEN VAN HET ONMOGELIJKE TE VERLEGGEN.

146.

EEN RAPPORT VAN EEN CONSULTANT HEEFT WEINIG GEMEEN MET SCIENCE, MEER MET FICTION EN DIKWIJLS ALLES MET SCIENCE FICTION.

147.

OM DEZE STELLINGEN WORDT DOOR DE LEZER BIJ TIJD EN WIJLE GELACHEN; HET PRAKTISEREN VAN DE STELLINGEN WORDT ECHTER VOORAL AAN ANDEREN OVERGELATEN.

148.

DOOR REGELMATIG ONDERUIT TE GAAN BLIJVEN MANAGERS OP DE BEEN.

149.

HET BELANGRIJKSTE TALENT VAN EEN TALENT IS HET TALENT VAN ANDEREN KUNNEN MOBILISEREN.

150.

SUCCES IS DE REALITEIT VAN GISTEREN.

151.

OBSERVEREN IS GOED, MAAR ANTICIPEREN IS BETER.

152.

JE VERDIEPEN IN DE SPELREGELS IS GOED; JE RICHTEN OP HET VERANDEREN VAN DE SPELREGELS IS BETER; HET INTRODUCEREN VAN EEN NIEUW SPEL IS HET BESTE.

153.

GELOOF IN RESULTATEN VAN ONDERNEMINGEN, NIET IN ONDERNEMINGEN.

154.

EEN ADVISEUR IS DIKWIJLS EEN BADMEESTER ZONDER HANDEN EN VOETEN.

155.

TOPPERS KLIMMEN NIET MEER.

156.

EEN MANAGER HEEFT HET 'HOE' ONDER DE KNIE; EEN LEIDER HET 'WAAROM'.

157.

MET 'TWEE BENEN OP DE GROND STAAN' BETEKENT DAT MEN GEEN STAP VOORUIT KOMT.

158.

DE GEMIDDELDE ONDERNEMING IS EEN KOMEDIE VAN DWALINGEN.

159.

LEIDERSCHAP KAN MEN DOCEREN MAAR NIET LEREN.

160.

MARKTLEIDER WORDEN IS LEUKER DAN MARKTLEIDER ZIJN.

161.

HET SUCCES VAN IEDER TEAM IS ALTIJD TIJDELIJK OMDAT MENSEN INDIVIDUEN ZIJN EN JE NIET KUNT WORDEN WAT JE NU EENMAAL NIET BENT.

162.

LEIDEN IS VOORAL EEN KWESTIE VAN AFDALEN.

163.

EEN CONSULTANCYRAPPORT ZET VEELAL NIET AAN TOT ACTIE, MAAR BESCHERMT DE OPDRACHTGEVER TEGEN DE KEERZIJDE VAN ACTIE.

164.

LEIDERSCHAP IS VOORAL 'RICHTING GEVEN' - HET 'GEVEN' IS VAAK BELANGRIJKER DAN DE 'RICHTING'.

165.

ALLES IS HAALBAAR VOOR DE MANAGER DIE HET NIET ZELF HOEFT TE DOEN.

166.

EEN GOED RAPPORT BEVAT ADEQUATE NIEUWE INZICHTEN - VEEL ADEQUATE INZICHTEN ZIJN ECHTER NIET NIEUW EN VEEL NIEUWE INZICHTEN ZIJN NIET ADEQUAAT.

167.

TEAM: GROEP MEDEWERKERS DIE INDIVIDUEEL NIETS VAN DE GROND KUNNEN KRIJGEN.

168.

EEN VAK BEHEERSEN IS VOORAL EEN KWESTIE VAN JEZELF BEHEERSEN.

169.

WIE ANDEREN WIL ADVISEREN MOET VOORAL ZELF VEEL TWIJFELEN.

170.

VEEL AMBIëREN BETEKENT VOORAL HEEL VEEL MISSEN.

171.

LANG NADENKEN IS NIETS DOEN.

172.

ALS ER GEEN CRISIS IS MOET JE ER EEN CREËREN.

173.

CONSULTANTS MOETEN NAAR HUN SCHADUW IN PLAATS VAN HUN LICHT WORDEN GEMETEN.

174.

RESPECT BEGINT WAAR BEGRIP EINDIGT.

175.

EEN ONTKENNING IS VOOR EEN MANAGER GEMAKKELIJKER TE VERANDEREN DAN EEN BEVESTIGING.

176.

WIE WIL SAMENWERKEN KAN IN DE REGEL WEL WERKEN, MAAR 'SAMEN' IS EEN HEEL ANDER VERHAAL.

177.
NEEM ALS MANAGER STEILE TOPPEN IN STIJL.

178.
EEN STERKE ALLIANTIEPARTNER IS VAAK GEVAARLIJKER DAN EEN STERKE CONCURRENT.

179.
WEES JEZELF, ER ZIJN AL ZOVEEL 'ANDEREN'.

180.
LEIDERSCHAP = VERLEIDERSCHAP

181.
HET STARTEN VAN EEN ONDERNEMING MET EEN GOED IDEE IS NIET ZELDEN EEN SLECHT IDEE.

182.

CONCURREREN LEIDT TOT INZICHT, SAMENWERKEN TOT OVERZICHT.

183.

CONCURRENTIEVOORDELEN ZIJN OP KORTE TERMIJN ALTIJD CONSTRUCTIEF EN OP LANGE TERMIJN ALTIJD DESTRUCTIEF.

184.

JE KUNT BETER MET DAN VOOR EEN TOPMANAGER WERKEN.

185.

GOEDHEID CONFLICTEERT NIMMER MET GROOTHEID.

186.

EEN GEWELDIG IDEE KOMT ALTIJD ALS EEN ONAANGENAME VERRASSING.

187.

DE MENSEN DIE HET MEEST VAN EEN TECHNOLOGIE PROFITEREN ADOPTEREN DIE TECHNOLOGIE DOORGAANS HET LAATST.

188.

ALS JE HET MOET VRAGEN KUN JE HET JE EIGENLIJK NIET VEROORLOVEN.

189.

INDIVIDUEN HOREN IN DE BOKSRING THUIS, NIET IN EEN ONDERNEMING.

190.

SUCCES IS EEN GEVOLG VAN DE BEREIDHEID VERSCHILLEN TE ACCEPTEREN.

191.

DUIDELIJKHEID CREËREN BETEKENT NIET NOODZAKELIJKERWIJS ONZEKERHEID REDUCEREN.

192.

DE HORIZON IS LOUTER EEN VIRTUELE REALITEIT.

193.

EEN ONDERNEMING MOET NIET EEN PLEK ZIJN WAAR JE KUNT 'ZIJN', MAAR EEN PLEK WAAR JE KUNT 'WORDEN'.

194.

ZWEM ALTIJD MET GROTE VISSEN.

195.

ER GAAN MEER ONDERNEMINGEN TEN ONDER AAN OVERETEN DAN AAN HONGER LIJDEN.

196.

HOE MEER MOGELIJKHEDEN VOOR HET AFGEVEN VAN DE BAL, HOE GROTER DE KANS OP EEN MISSER.

197.

'MANAGEMENT BY WALKING AROUND' IS LASTIG MET EEN KNIEPROBLEEM.

198.

OMVANG IS BELANGRIJK; CONDITIE IS BELANGRIJKER.

199.

VERTROUWEN BETEKENT VERSCHILLENDE DINGEN VOOR VERSCHILLENDE MENSEN.

200.

VAAK MOET JE ALS MANAGER CONTROLE OPGEVEN OM CONTROLE TE KUNNEN KRIJGEN.

201.

EEN HUIS IS NIET NOODZAKELIJKERWIJS EEN THUIS; EEN ALLIANTIE IS NIET NOODZAKELIJKERWIJS EEN PARTNERSHIP.

202.

HOU ALS MANAGER VERTROUWEN BIJ DE HAND EN SCEPTICISME ACHTER DE HAND.

203.

CONCURREREN HEEFT NIETS TE MAKEN MET 'WAAR' JE ACTIEF BENT MAAR VOORAL MET 'HOE' JE ACTIEF BENT.

204.

EEN WINNAAR IN DE CONCURRENTIESTRIJD WINT NIET ZELDEN HET RECHT OP VERLIES.

205.

'WIJ' ZIJN ALTIJD 'ZIJ'.

206.

FOUTEN MAKEN IS MENSELIJK, MAAR JE HEBT EEN COMPUTER NODIG OM ERGENS EEN RAMP VAN TE MAKEN.

207.

DE TOEKOMST BEGINT MORGEN.

208.
WAT HEBBEN 'ZAKEN DOEN' EN 'SLAPSTICKS' VOORAL MET ELKAAR GEMEEN? - TIMING!

209.
ER ZIJN SLECHTS TWEE ROUTES NAAR SUCCES: INNOVATIE EN IMITATIE.

210.
WINNAARS ZETTEN SPELREGELS BUITENSPEL.

211.
FAILLISSEMENT: NACHTMERRIE WAARBIJ JE KLAARWAKKER BENT.

212.
ORGANISATIECULTUUR IS IETS WAT MENSEN PRAKTISEREN ALS DE LEIDING ER NIET IS.

213.

DIVERSITEIT OP DE WERKVLOER ONDERMIJNT DE HOMOGENITEIT VAN DE IDENTITEIT.

214.

NEEM ALLE TIJD VOOR HET NEMEN VAN EEN BESLISSING MAAR VERLIES GEEN TIJD BIJ HET UITVOEREN VAN EEN ACTIE.

215.

TE VEEL RESPECT VERNIETIGT CREATIVITEIT.

216.

IEDERE ONDERNEMING KAN SLECHTS EENMAAL EEN REVOLUTIE ONTKETENEN.

217.

DE BASIS VAN DUURZAAM ONDERNEMEN IS COMMERCIALITEIT.

218.

DE TOEKOMST VERANDERT IEDERE DAG.

219.

TUSSEN EEN VERKOPER EN EEN KOPER STAAT VAAK ONNODIG VEEL TECHNOLOGIE.

220.

ALS OMGEVINGSVERANDERINGEN SNELLER GAAN DAN ORGANISATIEVERANDERINGEN STAAN ONDERNEMINGEN MET EEN BEEN IN HET FAILLISSEMENT.

221.

SYNERGIE LEIDT VAAK TOT ANARCHIE.

222.

SOMMIGE ONDERNEMINGEN STAAN MET EEN BEEN IN HET GRAF EN MET HET ANDERE BEEN OP EEN BANANENSCHIL.

223.

ADVIES IS ESSENTIEEL - ADVIESBUREAUS NIET.

224.

MARKTLEIDERSCHAP IS HET RESULTAAT VAN EEN OBSESSIE VOOR KOSTEN.

225.

KUNST BEDRIJVEN ZONDER KUNDE IS EEN KUNSTJE.

226.

VANAF DE DAG DAT JE MARKTLEIDER BENT WORD JE MARKTLIJDER.

227.

VERKOOP AAN EEN GETROUWD STEL HET PRODUKT ALTIJD AAN DE VROUW. EEN MAN WIL NOG WELEENS TERUGKOMEN OMDAT HET PRODUKT DE VROUW NIET BEKOORT. EEN VROUW KOMT HOOGST ZELDEN TERUG MET DE MEDEDELING DAT HET PRODUKT DE MAN NIET (MEER) AANSPREEKT.

228.

DE BESTE VORM VAN BEDIENING IS ZELFBEDIENING.

229.

HET ONTWAKEN VAN CHINA IS EEN NACHTMERRIE VOOR DE REST VAN DE ECONOMISCHE WERELD.

230.

ALS EEN BEDRIJFSTAK ZICH OP EEN GEGEVEN MANIER ONTWIKKELT, SLA DAN DE TEGENGESTELDE RICHTING IN.

231.

HET DOORVOEREN VAN EEN REORGANISATIE HEEFT IN DE PRAKTIJK VEEL WEG VAN HET ACHTERUIT INPARKEREN VAN EEN TANK IN HET CENTRUM VAN AMSTERDAM.

232.

EEN HOOGWAARDIG PRODUKT IS AANTREKKELIJK, EEN GOEDKOOP PRODUKT MOOIER.

233.

UW SALARIS IS HET RESULTAAT VAN ARBEID; UW BONUS HET RESULTAAT VAN VERBEELDINGSKRACHT.

234.

HET 'TOPJE' VAN DE SPREEKWOORDELIJKE IJSBERG IS NIETSZEGGEND; DE OMVANG VAN DE IJSBERG IS VEEL BELANGRIJKER.

235.

MACHT IS ALS WATER: HET VOLGT DE WEG VAN DE MINSTE WEERSTAND.

236.

HET 'GLAZEN PLAFOND' IS EEN ILLUSIE; HET BEVAT EEN LUIK DAT ECHTER AAN DE KLEINE KANT IS.

237.

INFORMATIETECHNOLOGIE VERHULT VAAK WAAROM WE HET EIGENLIJK MOETEN GEBRUIKEN.

238.

INFORMATIE ZONDER WAARDE IS EEN KOSTENPOST.

239.

EEN MARKT WORDT NIET IN BEWEGING GEBRACHT DOOR 'VRAAG-EN-AANBOD' MAAR DOOR HEBZUCHT.

240.

ONDERNEMINGEN DIE EEN HOOFDROL WILLEN SPELEN IN HUN BEDRIJFSTAK HEBBEN EEN GOED SCRIPT NODIG, EEN GEWELDIGE PRODUCENT EN EEN MEEDOGENLOOS REGISSEUR.

241.

DE BESTE ONDERNEMINGEN RIVALISEREN MET DE STERKSTE CONCURRENTEN.

242.

JE KUNT BETER JEZELF OVERBODIG MAKEN DAN DAT DE CONCURRENTIE HET DOET.

243.

EEN JURIST LEEFT VAN DE DEAL, NIMMER VAN EN MET HET RESULTAAT.

244.

IEDERE BESLISSING WORDT GEVOED DOOR EEN OVERDOSIS VOOROORDELEN.

245.

DE TOEKOMST VAN VEEL ONDERNEMINGEN BEHOORT TOT HET VERLEDEN.

246.

'VRIJE' MARKTPRINCIPES ZIJN NIET ZELDEN VRESELIJKE MARKTPRINCIPES.

247.

EEN SUCCESVOLLE ONDERNEMER GOKT VOORTDUREND MAAR ZET ALTIJD IN OP ZICHZELF.

248.

HET FORMULEREN VAN BESLISSINGEN IS EEN 'COMMODITY'; HET UITVOEREN VAN BESLISSINGEN IS EEN 'SPECIALTY'.

249.

99% VAN HET PLEZIER VAN HET TOPMANAGER ZIJN ONTLEENT MEN AAN DE BENOEMING.

250.

EEN GEWELDIGE TOPMANAGER WORDT NA ZIJN VERTREK NOOIT GEMIST.

OVER DE AUTEUR

Pieter Klaas Jagersma is ondernemer, hoogleraar *International Business* aan Universiteit Nyenrode en hoogleraar *Strategy* aan de Vrije Universiteit te Amsterdam.

Pieter Klaas Jagersma is commissaris en adviseur bij uiteenlopende, veelal internationaal actieve ondernemingen. Hij is auteur van 24 boeken en meer dan 200 artikelen die in binnen- en buitenlandse media zijn verschenen.